마침내 멸망하는 여름

마침내 멸망하는 여름

초판 1쇄	2024년 06월 03일
초판 6쇄	2025년 08월 22일

저자	정
펴낸이	한건희
펴낸곳	주식회사 부크크
출판사등록	2014.07.15.(제2014-16호)
주소	서울특별시 금천구 가산디지털1로 119 SK트윈테크타워 A동 305호
전화	1670 – 8316
E-mail	info@bookk.co.kr
ISBN	979-11-410-8784-5

www.bookk.co.kr
ⓒ 마침내 멸망하는 여름, 2024
본 책은 저작자의 지적 재산으로서 무단 전재와 복제를 금합니다.

마침내
멸망하는
여름

우리의 여름이 사라진다면

정 지음

BOOKK

작가의 말

칠월, 동정, 사랑하는 ( )에게
여름이 오지 않는다면
나는 사랑하는 마음만을 남겨 두고 갈 거예요

리커버판 작가의 말

울 때마다 남겨 두었던 안부들 생각하자
너는 자주 넘어졌고
무릎에는 아직 여름이 일렁이던 일들에 대해

초여름과 한 발자국을 남겨 둔 곳에서, 정 드림

차례

1부   0과 1 사이

여름.com	12
블루레몬에이드	13
신인류	15
첫사랑	16
영원에서 만나	17
00	19
코발트 블루	21
몽상가	23
낭만화	25
성장통	27
오렌지 마멀레이드	29
별똥별이 쏟아지고 네가 잠에서 깨어났다	31
나의 외계인	33

2부   빈칸에 쓴 이름은 언제나 우리였고

여름 종말론	38
칵테일	40
(　　)에게	42
Milky Way	44
4860	46
미성년	51
낭만적 여름	53
해파리는 나의 꿈이 되고	55
첫여름 늦사랑	57
꿈	59
지구별	61
사랑니	63
시네마	65
네 잎 클로버	67

3부   가끔 열병 속에서 유영하기도 했다

이 름	72
유영하는 망상	74
일기	76
곰팡이	78
야간 비행	80
푸른 열병을 앓던 수많은 꿈에 대해	82
1999년 8월 21일	84
사랑 애	86
다정한 추신	88
나비야	89
파란	91
★⁺₊★ ☾ ★⁺₊★ 🌢	93
마침내 멸망하는 여름	94

4부 여름의 소음을 머금은 채로

물큰한 법칙	98
썸머 노이즈	100
믿는 일	102
윈터 밴드 클럽	104
한낮의 커스터드	106
머무르기	108
우리의 여름이 돌아오지 않는다면	111

1부

1과 0 사이

여름.com

    그림자가 커지는 어느 여름밤, 하얀 교복 셔츠 위에는 가로등 불빛만이 스며들고 있었다 너는 얼룩지는 교복을 보며 웃기 시작한다 네 웃음은 열대야보다 더 습하고 우리의 여름은 열사병에 다 이르렀다

    여름이 저물기 시작하는 팔월의 새벽, 가로등의 빛과 달의 경계가 무르기 적진이 될 때
나는 같은 꿈을 꾸게 해 달라며 소원을 빌었고
여름으로부터 떠나지 말라는 메일을 써 내려간다

여름, 동정, 그리고 사랑하는 J
무덥고 어지러운 올해 여름은 이어폰 하나로도 버틸 수 있었고 우리는 지저분한 메일함 같았어요 이게 전부예요

    사랑한다는 말을 책갈피로 만들어 두는 일, 편지지 위 보고 싶다는 글자를 문지르면 번지던 우리, 행운은 생각보다 쉽게 살 수 있으므로

그렇게 나는 우리가 살다 간 계절 하나만을
그저 여름이라고 불렀다

블루레몬에이드

레몬에이드 속에서 헤엄치는 물고기들을 본 적 있어
어딘가 흘러가는 것 같은 모습을 하고 있었는데

헤엄은 우리가 늘 하던 잠꼬대
물고기들이 꾸는 꿈을 궁금해했고
뜬눈으로 유영을 하다가
가끔은 유리잔에 머리를 부딪히기도 했어

반짝임은 레몬 조각에 비추어진 네 얼굴
혀끝에 닿은 채 꼬리를 떨던 물고기

내가 얼굴을 찡그리고 있었지만
따가운 탄산을 여전히 사그라드는 법을 모르지

물고기의 아가미가 바빠지고
입에서 딸려나오는 탄산이
유리잔을 가득 채워 버릴 때

나는 오늘도 미지근한 바다를
대신 마셔 주고 싶었고
따뜻한 레몬 조각만이 떠오르기 시작해

바다는 시큼한 블루레몬에이드
저 멀리에서는 파도가 밀려오고
우리는 그곳에서 헤엄을 치다가
숨이 가빠지는 물고기들을 쫓고 있어

신인류

 우리는 금붕어에게서 태어났습니다 생긴 건 사람인데 물속에서 살아요 아니, 정확하게 말하면 물속이 아니라 둥근 어항이라고 할 수 있겠네요 저는 작은 어항에 어깨를 구겨 넣습니다 바스러져가는 표정들이 하나씩 보이는데도 멈추지 않았어요

 좁은 어항은 우리를 점점 숨 못 쉬게 조여와요 금붕어들의 숨이 가빠지고 아가미의 틈이 점점 벌어집니다 비늘을 천천히 훑다가 손가락을 베인 적도 있었어요 살아야겠다는 생각보다 살아내야 한다는 생각이 먼저 들었습니다 우리는 언제나 좁은 어항에 갇혀 몸을 키웠잖아요

쏟아지는 주황빛 금붕어, 새로 태어난 것들이 치는 발버둥, 우리는 금붕어처럼 눈을 뜨고 자지 못합니다

무너지는 숨소리가 어항을 맴돌아요 뻐끔대고 있던 우리의 숨소리도 단숨에 조용해지고 저는 점점 숨이 차오릅니다

그날 우리는 어항에서 태어났습니다
금붕어에게서 태어나 큰 몸을 욱여넣던 우리에게 약한 꼬리가 자라날 때쯤, 적응하지 못한 신인류들이 눈을 감습니다

첫사랑

  풋사과의 향이 짙어지는 늦은 오후, 우리가 같이 있던 여름은 점점 늙어가는 것, 네가 아낀 시집 첫 페이지를 핥으면 단맛이 나

네가 사랑하는 것들을 모두 껴안아야겠다고 다짐하면서도 우리는 언제나 함께이지 못한다는 말이 떠오르고 있어

시집에 모인 제목들은 네 이름처럼 짙고
같이 비를 맞다가 미열을 앓던 팔월을 기억해

네 손가락에 잉크가 스며들었다 핥아 먹을 때마다 사과맛이 은은하게 나는 여름을 끈질기게 아껴 그것이 아마 첫사랑일지도 모르고

숨이 꽉 막히는 포옹에 여름을 묻어 두다가 네 얼굴을 본다 너한테는 여러 계절이 섞여 있어

영원에서 만나

영원에서 만나자
0과 1 사이에는 너무 많은 우리가 있어
밀리미터의 간격으로부터 나누어지는데

내 마음처럼 부풀어 오르는 것들
우리는 언제나 영원할 거야
영은 그렇게 우리의 사이에 대해 말하던 날이 많았다

영원은 생각보다 매끄럽지 못했다
다정한 목소리가 사이를 채울수록
발음이 새어나가는 건 아무도 몰랐겠지
영원이라는 말은 잘려 나가기 직전의 모습
서성거리고 있던 너의 운동화는 땅에 박혀 있다
더 멀어지기 싫어서 뱉었던 거짓말들

영아, 우리는 아마 영원할 거야
원하지 않는 간격이 나를 감쌀 때마다
에그타르트가 덜 익어 시무룩한 어제가 보고 싶었는데
서툰 마음은 언제나 따뜻하지만
만약 더 이상 익지 않는 우리가 된다면
나를 미워하지 않기로 해

슬픔은 혼자 울리지 않는다
울음소리에 파고들어서
아무에게도 하지 못한 말이 있는데

어쩌면
네가 사랑한 건 내가 아니라 내 환상일지도 모르겠다

00

    우리의 밤은 온통 파랑이었다 청량하지만 그 속은 여전히 아득했고 너는 얼굴을 찡그리며 밤을 천천히 헤엄치기 시작했다 그건 영영 돌아오지 않을 걸음일 기야 밤에서 메아리처럼 내 목소리가 울려댔지만 너는 뒤를 돌아보지도 않았다 앞이 없는 발걸음이라도 나는 헤엄을 칠래 앞모습 대신 목소리만이 나에게 다가오고 있었는데

청춘의 출처는 영영 돌아오지 않을 어느 새벽과도 같지
푸르지만 그 안은 누구보다 어두운 곳이므로
가끔은 별을 따 준다는 바보 같은 농담을 하면서

    너를 뒤따라 밤을 걷기 위해 발을 내민다 우리도 어쩌면 돌아오지 못한 것들의 세상이겠지 너는 왜 이렇게 혼자 헤엄을 잘 치니 그동안 무슨 밤을 걸었을지 도저히 감이 잡히지 않아 너는 출처 없이 떠도는 별처럼 혹은 우리의 목소리처럼 홀로 떨어져 있었는데 그곳은 괜히 우리의 어두운 방인 것만 같아서

    눈을 뜨고 있어도 감고 있는 듯한 기분이야 빠져나올 수 없다면 부드럽게 유영이나 하면 돼 너의 목소리가 이 밤에서 울려 퍼진다 영영 돌아가지 못하는 사람들이 하나둘 별이 되어 가듯이, 이 하늘에는 수많은 별똥별이 떨어지지 아득하고 먼 이 밤을 유영해야만 하고

너는 여전히, 그리고, 계속 떠돌고 있다

두려운 나를 뒤로하고 별이 돼 가는 너의 뒷모습이
하늘에 둥둥 떠 있다는 게 아직 믿기지 않는다

코발트블루

 코발트블루를 섞은 바다에 몸을 적실 때마다 떨려왔다 바다에서 걸어 나오는 너는 마치 인어 같았고 작은 비늘들은 언제 다 붙여 온 건지 알 수 없있다 은빛 비늘은 네가 전부가 이니러 모든 것들을 반짝이게 만들었다

 축 처진 모습을 하고 있던 네가 코발트블루 물감을 양손으로 가득 쥐어짠다 이 색은 너무 옅어 우리가 살던 바다는 파랑으로 잠길 듯이 진했는데 말이야 이 바닷물 만큼 물감을 가져다 줄 수 있는 사람이 되고 싶지만 우리의 메아리는 파동으로부터 질겨지지 않는다

파랑으로 물드는 우리
바다 한가운데서 잠수를 하던 적도 있었어
그러니까 이건 코발트블루를 너무나도 사랑한 인어의 이야기인 거야

움직일 수 없는 파동만이 서로를 껴안을 수 있게 해
발가락 사이에 스며들어오는 모래알이 우리를 간지럽히고

바닷물에 비추어진 은빛 비늘들
하나씩 잡아가다가 온몸에 붙이며
네 모습을 많이 따라 했는데

이제는 더 이상 쏟아지는 윤슬이 없을지도 모르겠어
너는 항상 쓸데없는 걱정만을 했다 나는 그게 뭐가 문제냐며 움푹
파인 보조개를 보이는데

비늘의 간격처럼 흐트러지지 않는 우리
아직 다 채워지지 못한 파랑의 끝

중심을 잃을 때면 흔들리는 파동 속에서 떠내려가는 내가 있고
나의 눈동자의 끝에는 윤슬이 된 네가 있었다

몽상가
신인류 - 2

그 시절 우리는 입안에서 여름을 굴렸다
매미의 허물이 바싹 말라가고
오후의 여름은 시끄럽고 유난스러웠는데

어항 속에서만 살던 금붕어는
자신의 등이 휘어질 때까지 꼬리를 움직였더랬지

어쩌면 너는 휘어진 헤엄을 쳤을지도 몰라

너의 벌어져 있는 아가미를 떠올리다가
입안에서 녹기 직전의 여름을 꺼냈다
유난히 미끄럽고 뜨거운 우리는 그렇게 여름의 한 시절을 보냈는데

어항 속에서 보는 우리의 얼굴은 얼마나 끔찍할까
또 다른 상상을 하던 머리는 어항에 부딪혔고
네 얼굴이 다 자라날 때쯤
나는 잔뜩 벌어진 금붕어의 아가미에
젖지 않는 쪽지를 끼워 두었다

나의 몽상가에게
사랑보다 왜곡된 어항은 없으니까
온 힘을 다해 사랑하는 수밖에 없어

그러니 더 이상 사라지지 않기로 해
우리는 책갈피처럼
표시해 두고 잊게 되는 사랑을 하고 있는 것 같아

여름은 언제나 여름일 뿐
읽다 만 시집이 너의 키까지 쌓였는데도
우리는 서점에 들르는 걸 멈추지 않았다

나는 가끔 네가 시집 속 구불거리는 글자를 읽을 때마다
한 움큼 집어 먹고 싶었고
소프트 아이스크림을 네 얼굴에 바르던 상상을 했다

시집은 따뜻한 어항과도 같은 것
모두 네가 껴안았었으니까

그러니까 우리는 금붕어의 몽상에서
우리의 몽상에서 빠져나오지 않았으면 좋겠어

낭만화

캔버스에 그린 우리의 낭만이 잔뜩 굳었어요 실수로 쏟아 버린 물은 종이가 움 때까지 아무도 치우지 않았고 그 모습은 애상적이었어요 그때 죽은 건 낭민인지 우리인지 아직도 모르면서

스케치를 끝내지 못한 어제가 쌓여 있어요 오래 전에 방치해 둔 물감은 뚜껑을 잃어버린 채 입구를 막고 있었고요 물감을 짜느라 옷을 다 버린 언니는 그냥 말없이 웃을 뿐이었어요

우리의 낭만은 다 어디로 흘러간 거예요? 지키지 못한 것들이 쏟아질 때마다 눈물을 머금고 있던 언니가 생각 나요 가끔씩 차오르는 단어와 흐트러지는 우리의 발음들 그러나 우리는 그 낭만을 위험하게 받치고 있던 게 틀림없어요

우리가 하는 건 망가진 낭만을 사랑하는 일

언니가 보고 싶을 때마다 망가진 손목시계를 뚫어지게 쳐다본다거나, 말라가는 입술을 깨물어 본다거나

그게 내가 할 수 있는 일이었어요 굳게 말라버린 입술은 얇은 언니의 손목 같기도 했는데 그 손목이 보기는 싫어도 얼마나 예뻤는지 모를 거예요

잔상이 된 낭만화
습관으로 삼고 싶었던 우리는 언제쯤 그림으로 남게 될까요

   더 이상 남은 물감이 없어요 주름진 물감만이 나를 닮았고 얼굴을 찌푸리며 겨우 삐져나오는 하늘색 물감은 너무나도 밝은 게 희망을 닮았는데

   우리는 쏟아지는 희망에 대해서 생각하다가 사라지는 낭만에 대해 이야기를 한 적이 있었어요

자고 있던 언니의 얼굴에 희망을 그려요 잘 지워지지 않도록 지울 때마다 낭만을 주로 챙겨 먹던 우리를 떠올릴 수 있도록
결국 기억에 남는 건 그림뿐이니까

무심코 얼굴을 부비다가 낭만이 물든 서로의 뺨에 대해서

성장통

같이 앓던 팔월을 기억해

조각처럼 여기저기 흩뿌려진 계절은 우리를 닮았다
팔월을 보고 겨울이라던 네 말을 듣고 비웃었던 적이 있었지
사랑스러운 뺨을 쓰다듬다가도 네 목소리를 들으면
변하지 않는 일곱 살이 돼 성장통을 삼키며 울었다

그래도 성장통을 앓는 사람은 우리밖에 없어
분명 같이 있는데 혼자 있는 기분이야

일곱 살 때는 영원히 미성숙한 우리로 살아갈 줄 알았지
있는 힘껏 우리를 미워하고 싶어
나는 자다 깨도 여전히 나였고
이상한 꿈을 꾸어도 나는 나였다
어쩔 수 없었다 사랑스러운 너와는 너무 다른 존재라서

가슴에 박힌 여름은 우리를 닮았어요
마르지 않고 그저 스며들어간 것뿐이에요

외로운 것들을 사랑하려다 너까지 껴안고 말았어
서로에게 쥐여진 품은 꽤나 말랑해 푸딩 같은 몸을 하고도
살아갈 수 있다면 좋겠다는 생각을 한 어릴 적의 우리가 있어

우리는 언제나 성장통으로부터 벗어날 수 없으므로

앓지 못한 지난 겨울은 앞으로 붙어 있기로 하자
껴안은 품이 헐거워지지 않도록 힘을 주고 있었고

네 머리맡에 너덜너덜해진 야광 스티커를 쌓아 두는 일은
언제나 애틋하고 울고 싶어져

우리의 성장통은 아직도 환상인 것만 같아
더 이상 아프지 않기로 다짐하던 날들이 머릿속에서 헤엄을 친다

오렌지 마멀레이드

너는 지나갈 때마다 마멀레이드를 한 방울씩 떨어뜨린다
입가에 묻은 마멀레이드는 끈적이게 만들었어

태양처럼 나른한 주황빛은 너를 닮았지
어쩌면 너로 만들었을지도 모르겠어
그렇게 나는 마멀레이드를 발라 먹으면서도 너에 대해 생각했다

마멀레이드를 밟을 때마다 생겨나는 선명한 발자국
우리가 꾸던 달콤한 향이 가득한 꿈
헨젤과 그레텔처럼 나도 모르게 흔적을 남기는 건 아니었는지

오렌지의 시큼한 향이 우리를 감싼다

그동안 꾸었던 꿈은 전부 환상인 것만 같아
우리의 헨젤과 그레텔은 아직 마음속에서 사는 중이고
오렌지 마멀레이드를 바른 집은
여전히 우리에게로 스며든다

나는 너보다 달콤한 걸 머금은 적이 없어
우리의 언어보다 끈적한 건 없을 거야
달라붙은 것들이 우리를 향해 얼굴을 들고

주황빛을 두려워하는 그레텔과
발자국이 선명하지 못한 헨젤에게
마멀레이드를 한 움큼씩 나누어 주기로 했다

우리를 감싸는 것들을 잔뜩 사랑한 채로

별똥별이 쏟아지고 네가 잠에서 깨어났다

네가 잠에서 깬 새벽이 우리의 청춘이었어

별똥별이 우리에게로 떨어질 때면 너는 잠을 뒤적였다 껴안고 있던 품을 파고드는 온기가 마냥 이상하지 않았다 떨어지는 별똥별을 잡아낸 것 같은 기분 어쩌면 청춘을 한몸에 받아낸 것 같은 새벽

청춘이 우리에게로 쏟아지고 다정한 밤은 언제나 조용하지 별똥별이 반짝여 오는 것만을 기다린 너의 눈동자에는 우주가 살고 있었는데

그동안 떨어진 별똥별이 다 어디에 있는지 알아?

빛나는 눈을 하고 나에게 물어볼 때면 얼버무리는 게 일상이 되었다 청춘이라는 건 부끄러운 마음이 가득찼다는 뜻이구나 보조개가 움푹 파인 얼굴을 네 품에 숨기고 싶었다

바다에 떨어지면 별똥별은 윤슬이 돼 청춘의 출처는 오로지 이 행성이야 지구별에서 떨어진 것들이 모두 우리에게로 안착할 때

비로소 이 방안은 우주가 되는 거야 그저 우리는 파랑의 끝에서 청춘을 찾으러 헤엄치지 잠기지 않도록 조심해 네가 없어지면 우리의 우주는 더 이상 오지 않으므로

열아홉의 너는 윤슬을 한가득 껴안는다 타 죽을까 봐 걱정할 때에도
눈에 별똥별을 심던 너의 뒤통수가 동그란 채로

청량한 우리의 목소리가 우주에 울려 퍼진다
춘몽은 언제쯤 꿀 수 있을까
가끔 실없는 말을 하다가 웃음을 별똥별처럼 쏟아낸 적이 있었지

푸를 청을 쓰는 청춘은 바다에서부터 시작되었다
바다는 우주에서부터
윤슬은 별똥별이 만들어낸 흔적

우리의 파랑이 이대로 사라지지 않았으면 좋겠어
스며들지도 말고 굳지도 말아야 할 텐데

지구별에서 남은 밤을 너랑 함께 보내야겠다고 생각했다

나의 외계인

J는 어느 날 낯선 행성으로부터 나를 찾아왔다
매일 손을 포개어 주는 온기가 특별했었는데

J랑 껴안고 잠을 잘 때면
어디에선가 눅눅한 너의 향기가 느릿하게 퍼지고 있었고

나는 그럴 때마다 몸이 푸른 빛인 외계인이 되어
같이 침대에 눕는 상상을 하고 있었다

몸이 가라앉을 것처럼 두꺼운 솜이불을 덮었다
아무리 덮어도 네 품보다는 따뜻하지 않아

연아, 우주 곳곳에서는 수많은 외계인이 살고 있어
우리도 어느날 지구에게로 떨어졌으니
얼마든지 외계인이 될 수 있지

끝까지 올려 덮어도 가려지지 않는 목소리
솜이불 위로 또렷하게 쏟아지면

왜 외계인은 지구에서 오래 살 수 없어?

물음표로 가득한 문장들만이 우리의 손에 쏟아지게 된다

그러니까 이건 너한테 하는 최초의 고백인 거야

같은 꿈을 꾸는 것처럼 다정한 일이 뭐가 있겠니
우리가 아니었으면 껴안는 법도 몰랐을 텐데

J와 껴안는 상상을 한다
행성에 쏟아진 수만 개의 너를 보면서
지구를 등지고 있었다

숨이 고르지 않던 우리는
여전히 푸른 빛의 얼굴로

그러나 여전히 다정한 새벽으로부터
나의 외계인에게

2부

빈칸에 쓴 이름은 언제나 우리였고

여름 종말론

우리의 여름이 사라진다면 어떻게 할래?

　너는 가끔 여름에 대해 생각했다 푹 찌는 날씨가 우리를 껴안아더랬지 그렇게 다정한 하루였었는지도 모르고 떨쳐내기의 반복이었는데 말이야 사랑하는 것들이 모두 사라질 때마다 낙원에서 떨어지는 기분이었어 꿈을 꿀 때마다 너는 여름의 안녕을 빌었다 더는 꼬리처럼 달린 여름을 없애야 할 것 같다고 느껴서

　여름은 다정한 꿈을 꾸고 있는 것 같은 환상, 순정의 미학에는 언제나 여름이, 우리가 사랑한 건 추상화였음에도 불구하고

　나는 이 여름을 너무나도 아꼈어 사라진다면 너무나도 슬플 것 같아 종말되는 모든 것들을 껴안을 수는 없을까 나는 이렇게 매일을 후회해 여름이 네가 닮았다는 말도 하지 말아야 했는데

네 여름은 언제나 조용하다
껴안는 힘은 누구보다 헐거웠고

　손을 뻗는 곳에는 항상 네가 닿았다 손이 탈 것 같은 네가 다가와도 무서운 마음은 없었어 그냥 보고 싶었을 뿐이야 이게 여름이 사라지면 안 되는 이유 중 하나인 거지 너는 이런 마음도 모르고 가득 찬 다른 날씨만을 기다리라고 해

녹아버린 아이스크림이 떨어진 운동화, 우리에게는 이런 마음이 항상 가득했어서, 다정한 하루의 출처는 어디에서부터 시작됐는지 아무도 모르고

　　그냥
사라지지 않도록 잡아내는 것밖에는 할 수 있는 일이 없었다
그렇게 꽉 잡고 있다가 손이 다 익어 가면 천천히 모이는 잔상의 우리

다정한 마음만이 모두 이 곳에 모였어
너무나도 사랑스럽지 않니
그러니까 더 이상 녹지 않기로 해

우리의 여름은 언제나 다정하고
네 품은 언제나 뜨거웠다

칵테일

To. 동경하는 나의 몽상가, ( ) 에게
우리는 바닐라 아이스크림을 핥으며 말한다 흔한 칵테일을 마시는 어른만은 되지 말자고

  무너져가는 여름은 우리에게 무슨 의미였을까 동네 슈퍼에서 사 온 바닐라 아이스크림은 내 피부가 되어 하나씩 녹아갔어 숨이 막히는 거라고는 무더운 여름을 경험한 거밖에 없었는데. 나는 종종 칵테일 바에서 취한 얼굴로 칵테일을 들이마시던 어른들을 보며 생각했어 칵테일은 이름만 거창한 술일 뿐이라서

  어제는 가라앉기 시작한 여름에게 일어서 달라고 빌었어 두 손을 모을 때면 녹은 아이스크림처럼 손가락 사이가 끈적거렸고, 입에서는 단내가 나기 시작했지 달큰한 냄새 사이로 벌들이 모인다면 그것도 행운이 아닐까 온몸을 벌리면서 입을 벌리느라 팽팽해진 교복 위 실밥 풀린 명찰에게 그늘을 만들어 주고, 느슨한 이름은 아무 데도 쓸 수 없다는 것을 두 눈으로 지켜보았어

  이름은 교복에서 달랑거리는 명찰을 위할 뿐이야 여름도 누군가에게는 하나의 계절로서 불리는 것에서 그만이잖아 그래, 누가 여름을 그대로 사랑하겠어 칵테일 바와 조개껍데기가 윤슬처럼 바다에 둥둥 떠다니는 모습은 여름에서 볼 수 있는 모습이지, 여름인 것은 아니니까

무너져가는 여름은 키가 작아지는 우리의 바닐라 아이스크림, 어항에서 튀어나온 열대어에게도 해 주던 인공호흡, 이렇게 쓸데없는 다정함은 소용이 없다는 거 우리는 손톱 사이에 낀 여름을 정리하면서 하나로 뭉치기 시작한 햇빛과 눈을 마주쳤어

여름과 이름의 발음이 비슷하다는 걸 이제야 알아 버렸지만

왜 하필 여름과 이름이 비슷할까 너에게도 이름을 하나 지어 주었다는 건, 쓸데없는 다정일까 다정한 여름은 왜 성립하지 않는 걸까 나는 종종 칵테일 이름을 부르는 어른들에 대해 생각하곤 해 똑같이 씁쓸한 술에 정성스럽고 사랑스러운 이름을 짓는 이유는 뭘까 하고

그들이 마신 칵테일의 이름은 여름 속에서 녹아내리는 바닐라, 아이스크림은 여전히 우리의 손에서 흘러내릴 뿐, 목구멍으로 칵테일이 넘어갈 때마다 얼굴을 찡그리는 이름 달린 사람들과 멀리에서 바라보는 우리가 있어

어른이 된다면, 칵테일은 마시지 말자 여전히 바닐라 아이스크림을 핥으며 우리는 여름을 찾아 떠나는 거야 여름에서, 새로운 이름을 지어 줄게

(   )에게

편지의 첫 문장에서 비린내가 나고 있어
글씨는 헤엄치면서 금붕어의 꼬리를 들이미는 중이었고
우리는 어항을 바라봤지

무르기 시작하는 단어와 어항으로부터 섞여가는 글씨
못 다 쓴 문장은 여전히 존재하고

편지지에 튀어 버린 작은 물방울을 마주할 때
나의 이름은 번져가고 있었어

편지는 눅눅해졌어도 답장만을 기다리던 이유는
너에게 이름을 불리고 싶었다는 거

물방울이 우리에게로 스며들수록 흐트러지는 이름은
꼬리가 자라기 시작한 어린 금붕어들의 헤엄

편지를 반으로 접을수록 겹쳐지는 이름은 우리만 부를 수 있어

우리를 덧쓸 수 있는 이름은 아직 없었고
비린내는 여전히 울렁거리게 했지만
나는 편지 처음에 써 놓은 네 이름을 생각했지

물 위에 떠 있는 문장들의 사이에서
일렁이는 모습을 하던 첫 문장
흩어지는 글씨들이 내 앞에서 헤엄을 치고

실수로 잠들어 잉크가 우리를 물들인 그날처럼
나는 번지는 문장들이 가득한 편지를 어항 깊숙이 넣어 두었어

Milky Way

네가 하얗게 쏟아질 때마다
미끄러워진 길 위에 누워 있었던 행성들
그렇게 닿지 않는 것들까지 껴안고 싶은 날이 많았어

흐르기 시작하는 네 그림자는
머리속에서 언제까지 머무를 수 있을까

아직 그대로인 손가락을 바라보다가
여전히 무너지지 않은 은하수를 따라 갔었지

밀키 웨이

우리는 무한한 우주 속에서
우유처럼 흐를 거야
가장 하얗고 깨끗한 마음으로

부드러운 길의 끝은 언제나 다정해
뒤를 돌면 점으로 이어진 은하가 가득하고

우주에서 잠을 자는 네 이마 위에서는
수많은 은하가 지나가고 있어

이마가 지나간 자리
뒤를 따라서 걸어가는 내 그림자
우리의 경계가 사라질 것만 같아

네 목소리가 무른 모습으로 머무를 때까지
이마에 은하를 가득히 채워 둘게

4860

 영은 이십오 년 전, 내게 한 편의 편지를 보냈다. 사실 지금 들으면 이상한 얘기다. 어떻게 그렇게 오래된 편지를 이제서야 발견하는지 말이다.
 이사를 간 지 십 년 후, 전에 살던 집 주인 아저씨께서 연락이 왔다. 두고 간 우편물이 하나 있다고. 사실 버려 줄만도 한데 지금까지 연락해 주는 게 고마워 선뜻 오래된 집을 가기로 했다. 아저씨가 건넨 우편물의 이름을 보자마자 나는 손을 떨 수밖에 없었다. 메리골드 그림인 우표와 어딘가 익숙한 것들. 편지의 주인공이 단번에 영이었다는 걸 알았다.
 반쯤 곱게 접혀 있는 게 영의 성격을 한번에 나타냈다. 살짝 먼지가 쌓여 지저분한 봉투는 편지 봉투에는 영이 좋아하던 메리골드 그림의 우표가 붙여져 있었다. 사실 이름보다도 편지 봉투 사이로 희끗하게 보이는 글씨체로 나는 영이 보냈다는 걸 알았다.
 그 시절에는 휴대폰의 존재가 없었기 때문에 삐삐가 아니면 대부분 전화나 편지만을 사용했다. 굉장히 아날로그적이지만, 나는 그래도 그 시절이 가장 좋았다. 영의 글씨체를 볼 수 있어서라고 할까. 글씨체가 예뻤던 영은 항상 나한테 편지를 써 주고는 했다. 자음과 모음의 간격이 우리처럼 일정하고, 띄어쓰기도 꽤나 정확했다. 그런 정확한 것들이 나중에 이 세상이 멸망하면 쓸모없는 거 아니냐고 되물었지만, 그때마다 영원은 멸망하지 않을 거라며 나는 다독여 주는 일이 많았다. 세상이 멸망해도 영원한 마음은 없어지지 않는다는 것. 사실 나는 이 말을 아직도 제대로 이해하지는 못한다. 아마 멸망해 본 적이 없어서 그런 거겠지.

삐삐에는 우리가 항상 하는 말이 있었다. 4860. 뜻을 다 알면서도 편지의 답장 끝에는 늘 무슨 뜻이냐고 물었는데, 영은 그것도 모르냐며 미소를 지었다. 아마 영도 내가 거짓말한다는 걸 알았을 것이다. 그때 그 뜻을 모르는 십 대가 어디 있을까.

영은 문장에서도 다정했다. 항상 나의 안부를 물은 다음에서야 자신의 하루를 곱씹었고, 같이 우표 씰을 고를 때도 나에게 먼저 물었다. 그렇게 물어볼 때마다 나는 같이 쪼그려 앉아 고르고 있었고, 우리의 뒷모습은 언제나 넓었다.

뒷모습이 서로에게 더 달라붙을 때마다 숫자는 점점 커져 갔고, 나는 매일 뜻을 물어봤다. 영원히 사랑해. 나는 이때서부터 영원을 믿었을 것이다. 영도 그랬을까.

.

중학교 시절이 끝나고, 영은 더 이상 연락이 되지 않았다. 물론 집앞으로 찾아가도 나오지 않았다. 나는 그때 믿었던 영원을 머릿속에서 다 찢어 버렸을 것이다. 영원히 함께하자는 말이 영원할 수 없는데, 나는 어떡하지. 나는 절망 속에서 남은 영원을 외쳤다. 제발 어디를 가든 영을 한 번이라도 마주치게 해 주었으면 좋겠다고. 스쳐 지나가도 알 수 있는 사람이 없으니 매일 미리가 아팠다. 영원, 영원, ㅇ ㅓ ㅇ ㅇ

ㅜ ㅓ ㄴ. 일곱 개의 글자가 머리에서 엉킬 때마다 영은 꿈으로부터 환상이 돼 갔을 뿐이었다.

그런 영이 나에게 편지를 보냈다니. 마음이 이상해지는 기분이었다. 그렇게 잊고 이십 년이 휠 지난 이 상태에서 나에게 도착한 편지를 볼 때 일곱 개의 자음과 모음이 다시 단어가 되고 있었다. 아마 다 영이 도와준 걸 거야. 나는 여전히 바보였다.

원에게

우리 사이는 0과 1이야. 네가 말한대로 그곳에는 수많은 우리가 있어. 보고 싶다는 말들도 우리에게서 존재하고, 가벼운 말들도 결코 빠지지 않지. 그건 아마도 영원히 그대로 있을 거야, 아마도.

가끔 새벽에는 네가 좋아하던 에그타르트 만드는 연습을 해. 에그타르트가 덜 익어 반죽이 그대로일 때면, 이 에그타르트를 아마 영원히 반죽이어야 하는 거야. 더 이상 손을 쓰지 않아도 돼. 그러니까 내가 하고 싶은 말은, 운명으로서 영원히 그대로 있는 것들에 대해 마음을 쏟지 말라는 거야.

우리는 영원히 영과 원이야. 우리 사이에 존재하는 틈이 갈라져도 그게 운명이라고 생각하자. 그래도 우리는 영원하잖아.

나는 가끔 네 환상을 사랑해도 좋겠다는 생각을 해. 아니, 어쩌면 우리는 환상을 사랑하고 있을지도 몰라. 너한테도 묻고 싶은 말이 참 많은데. 이걸 네가 답해 줄지 모르겠어. 너는 우리가 영원할 수 있냐며 풀 죽은 날들이 많았어. 그럴 때마다 안아 주고 싶었는데 지금껏 고민한 게 가끔 후회돼. 우편함에 도착할지 안 할지도 사실 잘 모르겠더라고. 이게 도착할 때쯤 너는 뭐 하고 있을까. 그때도 내 편지를 기다리고 있으려나.

나는 네 환상이 너무 보고 싶어. 덜 익은 에그타르트 반죽만이 존재하는 이곳은 나에게 너무 작은걸. 나는 나보다 큰 게 필요해. 이를테면 너랑 비슷한 것들 있잖아. 자주 네 환상이 가득차면 어떨까라는 생각도 자주 하게 되더라.

편지 봉투에는 깊숙이 넣어 달라 써 뒀는데, 진짜 그렇게 해 주실지는 잘 모르겠어. 이 말을 보면 네가 아마 울 것 같아서 좀 더 단단해질 때 읽었으면 좋겠거든. 그게 이십 년 후라도 나는 좋아, 정말이야. 그런데 그쯤이면 우리가 읊어낸 숫자들도 아무 소용이 없어질까?

그렇게 영의 질문을 끝으로 편지는 끝이 났다. 나는 편지지를 코트 주머니에 찔러 넣은 채 오래된 집을 나섰다. 오랜만에 가던 그 골목의 가로등은 낡아 새로운 것으로 바뀐지 오래였다. 영아, 여기도 영원한 건 아닌가 봐.

골목을 지나 집에 돌아올 때쯤, 마음 한 켠에는 영에게 보내고 싶은 단어가 너무 많았다. 아직 못다 한 에그타르트 이야기도, 메리골드의 꽃말도, 편지 봉투만 봐도 네 이름을 생각했다는 것도. 너는 영원하지 않지만 네 마음은 영원하잖아.

4860

영아, 우리의 이름은 아마 영원히 멸종되지 않을 거야.
요즘 사람들은 삐삐를 쓰지 않아서 어떻게 내 마음을 공식처럼 보여주어야 할지 모르겠어.

우편 번호 칸에 네 자리 숫자만을 써 버린 나는
그대로 우체통에 넣어 두었다.

어쩌면 그곳에 도착하지 않을지도 모르겠어.

미성년
-금붕어의 몸에는 윤슬이

우리의 몸에는 윤슬이 매달려 있다 반짝거리다가도 금새 흔적 없이 사라지는 게 파도를 닮았댔지 위태로운 풍경이 우리 같아 금붕어처럼 자유로운 듯 자유롭지 않은 모습이 너무나도 아름답지 그건 아마도 헛된 망상일 뿐일 텐데

윤슬이 아슬하게 살갗을 버틴다 하나씩 떨어질 때마다 우리는 그걸 사랑이라고 불렀어 네 몸이 보이는 것조차도 사랑스러웠다고 말하고 싶었던 거일지도 모르겠다

파도 위에서 헤엄치는 어느 고래가 되는 꿈을 꾸었어 비늘이 없었는데 가죽 끝에 매달린 게 우리의 윤슬처럼 보였지 사람들은 그렇게 누구나 윤슬을 갖고 있어 그게 헤엄치는 법을 모르는 무식한 어른들이라 해도

반짝거리는 것들이 사라지면
잔상 대신 네 몸만이 남겠지
그렇지만 우리는 스스로를 너무 부끄러워해

그래도 나는 알몸이 된 너를 보고 있을 거야 그렇게 어항에 떠 다니는 비늘이 너무 갖고 싶어질 때가 있어 윤슬처럼 둥둥 유영하는 것도 우리의 모습 같았지 이 파도에는 사람들이 남겨 둔 게 많은 것처럼

작은 어항은 이 세상과 별반 다르지 못했고

우리는 금붕어의 금붕어였다
좁고 꽉 막혀 있는 게 웃기지 않아?

발버둥치는 것들이 많아질수록 우리를 어지럽게 만들어 방안을
금붕어로 가득 채운다면 나는 모든 빛을 가질 수 있을까

물결로부터 도망가는 비늘들
그러나 이 어항에서는 벗어날 수 없을 거야

습해지는 어항을 뒤로하고 고개를 내밀 때면 내 몸에 다시 자라나는
어린 비늘들 방향은 언제나 바깥을 향해 있으며

꼬리가 유연한 금붕어가 된 모습으로 헤엄친다 여전히 우리는 어린
금붕어일 뿐이잖아 고래가 될 수 없는데 무슨 꿈을 꾸겠어 너는
지금도 몽상가에서 빠져나오지 못했구나

여전히 자라나지 않은 미성년의 살가죽에는 어른들이 남겨 두었던
지느러미 자국만이 남아 있었다

낭만적 여름

여름이 한쪽으로 기울지 않는 연습을 했어

여름이 올 때마다 너를 사랑하고 싶어 파랑이 가득한 세상은 아무래도 낭만적이겠지 우리는 그렇게 영원의 발음을 외웠다 여름 속에서 낭만을 찾다가 새벽을 같이 보낸 적도 있었는데

낭만 연습은 쉽지 않아 여름이 오면 보러 갈래? 타오르는 이른 새벽을 보고 싶다거나 잘 익은 방울토마토처럼 터지기 시작한 불꽃놀이를 보고 싶다거나

모두 네 낭만 속으로 떨어지게 되는데

파랑이 우리를 감쌀 수 있었던 건 영원한 마음 때문일까 나는 이렇게 바보 같은 문장들이 전부 헛된 낭만이었으면 좋겠다고 생각한 적도 있었어

우리는 영원하지 않지만
여름 속 우리의 낭만은 영원한 마음으로

미래의 여름을 위해 더 망상하기로 했다 새벽의 낭만은 우리의 계절보다 빨랐어 영원한 곳에서 영원을 빌며 편지를 쓰도록 할게 여름과 여름, 낭만은 그저 낭만일 뿐이고

여름이 흐트러지지 않도록 연습했어 망상하는 일들이 모두 우리에게
쏟아졌으면 좋겠다는 생각도 했는데 너무 낭만적이지 않니

해파리는 나의 꿈이 되고

너를 안을 때면 찌릿하게 올라오는 것들
피부가 부풀어 오르면 눈을 찡그리면서도
투명한 몸을 가득 껴안고 싶었어

온몸이 저릴 때마다
파도는 빠르게 흘러가고 있었고
여린 헤엄을 하며 눈을 감았다

나는 가끔씩 해파리의 몸으로 잠식되는 꿈을 꾸었어
언제나 버틸 수 없을 만큼 무거웠으니까

너로부터 만들어지는 꿈들에 대해
팔목에 자라는 어느 상처를 가리지 않을게
내 상처가 네 상처가 될 수 있잖아

그러니까 나는
해파리처럼 상처를 주고 싶어
아니면 영원히 살고 싶어

그렇게 한 쌍의 해파리가 되면
저릿한 몸으로 서로 상처를 주며 껴안을 수 있겠지

선명해지는 촉수를 가진 너는
부푼 내 상처를 보고 내내 울었으니까

네가 울어도 이 바다는 꿈쩍도 하지 않아
다만 출렁이는 파도가 네 눈물을 타고 흘러갈 거야

어디론가
또는 그 이상으로

우리는 아무리 울어도 파도만 칠 뿐인 이 바다 뒤에서
해파리가 되기로 결심했다

서로가 서로의 상처가 되기 위해
혹은 상처가 되지 않고 싶어서

첫여름 늦사랑

너랑 같이 보낸 여름을 기억해 습한 마음은 언제나 우리를 답답하게 만들었지 여름에서의 우리는 언제나 함께였어 참 이상하지 여름은 항상 그대로이고 평생 있는 계절인데 네가 있다 해서 기억되다니 너는 참 이상한 사람이야 이렇게 생각해 보면 우리는 계속 함께였었지 답답한 여름에도 사랑하는 것들은 가득하고 같이 보낸 계절은 수도 없이 바뀌어 그때 너의 여름은 어땠는지 물어보고 싶었어 마음이 습해지고, 하얀 메모지에 쪽지를 써 내려가다가 들킨 수업 시간, 같이 시집을 읽다가 이상한 문장이 가득하다며 비웃었던 도서관도 아직 그대로야 그런데 마음은 왜 그대로가 아닌지 그때 나는 너를 볼 때마다 마음에서 비가 끓는 것만 같았는데

마음속으로 오래된 여름의 안부를 천천히 센다
진부한 거짓말도 섞어 둔 지 오래
가끔은 너를 속이는 일도 해야 해 들키지 않으려면

여름의 도서관, 여름의 수업, 여름의 습도는 언제나 우리였어 모든 여름은 우리의 세상이야 동경하는 계절로부터 우리는 천천히 뜨거워지고

    함께인 계절들이 하나로 뭉쳐지기까지
아직 다 못 전한 쪽지에는 네 이름이 가득 써 있었고 내 양쪽 주머니가 터지기 직전까지 쑤셔 넣었지 이것도 거짓말이야

어쩌면 처음 사랑하는 마음은 거짓일지도 몰라 이 세상 사람들이 다 그런걸
아무것도 아닌 여름이 우리의 추억으로 변질될 때까지 우리는 사랑을 하면서도 사랑이 무엇인지 몰랐어

   여름 위를 아무리 굴러도 알 수 없는 것들

그냥 그때는 우리의 첫여름이었던 거야 늦은 사랑은 영영 깨닫지 말걸 이 뒤숭숭한 마음이 영원해지도록 둘걸 그렇게 기억을 다듬어 보지만 여름은 계속 그 자리에 있어 혹시 너도 그러니 궁금한 게 많아지는 날이 많았어

   여름을 정산할 때면 계속 떠오르는 네 얼굴이 파도처럼 흘러가고 책상에 쓰인 우리의 이름은 계속 겹쳐져 있어 아직 뜯지 못한 메모지가 뭉텅이로 여기저기 흩날린 걸 보고 있어

꽉 찬 여름이 우리를 반긴다
추신이 없는 계절들이 뒤통수에서 기다리고 있고
사랑은 평생 깨닫지 못하겠지

나의 동경하는 여름에게
그냥 너랑 여름을 구르고 싶은 마음이 전부였어
늦여름에서 만난 첫사랑인 거야

꿈

우리가 잠에 빠져 헤엄칠 때마다
이불은 어지럽게 널브러져 있었다

새벽에는 허우적대고 있던
작은 네 모습을 보다가
이불을 덮어 준 적이 있었고

나는 꿈으로 익사하지 않기 위해
침대에 해가 떠오르기 전까지
혼자 밤새운 일이 많았다

새벽에 이마를 마주할 수 있다는 건
언제나 다정한 꿈을 꾸고 싶다는 거지

머릿속에는 다 넘친 물처럼
급하게 쏟아지려 하던 꿈과
축축하게 적셔지고 있는 침대로부터

햇빛은 온몸에 빠짐없이 스며들고
너는 밑으로 가라앉기 직전의 이불을 덮는다

엉키지 않은 꿈의 처음을 찾는 건

나에게는 아직 어려운 일이었고

같이 뜬눈으로 새벽을 보낸 적은 없었지만
처음 꿈을 꾸었던 나이를 찾기 위해

우리는 베개를 끌어안은 채
나란히 앉아 밤을 새우기로 했다

지구별

나의 외계인

나의 외계인에게
J, 나는 이 지구가 네모난 행성이 돼도 너를 사랑해

새벽이 항상 다정할 수는 없지만
네가 꿈에 나온다면 구원이 더 있을까

마음은 언제나 각지지 않고
우리는 더 사랑하는 마음으로

행성의 꼭짓점으로부터
나의 외계인, J
사랑한다는 마음이 전부인 만큼
우리는 같은 꿈을 꾸는 일도 많지

천장에 누웠을 때 천장에 떠오른 작은 야광스티커와
눈에 잔상으로 남는 것들에 대해

다정한 얼굴은 새벽으로부터 시작되지
악몽을 꾸었던 지난날을 기억해

반짝이는 마음은 평생 이 지구별에 있을 거라고
다짐하면서 끌어안았다

우리는 네모난 행성이 있다는 말을 믿지 않는 사람들이야
그렇지만 눈을 마주치고 있다면
혹시 모르지
어느날 각진 것들의 세상이 될 수도 있어

껴안는 힘이 세질수록 빛이 흐려지는 야광스티커
천장은 언제나 네 개의 꼭짓점으로 이루어져 있고
우리의 세상을 바라보고 있어

네가 저 별로 돌아가지 않도록
더 껴안을게
그래도 되지?

J, 네가 웃을 때마다 이 세상은 더 환해지고
집이 기울어도 그저 재미있다며 웃을 수 있지
그러니까 돌아가면 안 돼

추신, 네가 사는 이 별은 낙원이고 구원이야
앞으로도 우리만이 지구별에서 푸른 몸을 가지고 살 수 있다면

사랑니

우리는 서로를 가끔 아프게 했어요 부어오른 잇몸이 어금니를 감쌀 때마다 얼굴을 찡그리던 우리가 있고 그 뒤에는 분홍빛 혀가 반짝이며 기다리는 중이었어요 우리의 사이가 가까워지는 날에는 어금니를 둘러싼 잇몸이 통통해지기도 했었는데

새로운 어금니가 자라날 때면 풍선처럼 커지는 두 볼을 감싸쥔 적도 있었고
무너지는 발음으로부터 주저앉는 우리의 모습을 지켜 보고 있었어요

어쩌면 우리는 우리의 이름으로 인해 아팠을지도 모르겠어요
혀가 훑고 지나간 자리에는 여전히 우리가 자라고 있었고
미간에 자리잡은 나는 미끄러지는 방법을 모르고 있었으니까요

예고도 없이 자라난 사랑은 언제쯤 사라질 수 있을까요
너를 괴롭힌 발음은 셀 수 없이 늘어나고 있었고

아직 붓지 않은 어금니들을 따라 눈동자를 움직일 때면
열아홉 살의 우리가 그대로 박혀 있었는데
사랑하는 것보다 더 아픈 단어가 있을까 생각을 하게 만들어요
결국, 우리는 망가질 것만 같은 서로를 껴안고
부푼 잇몸에서 균형을 잡기 시작해요

발음이 무르다는 핑계로 사랑한다는 문장을 외워요

혀를 움직일 때면 아직 눈을 찡그리다가도
떨어지지 않는 우리를 떠올리고 있어요

핑계가 많아서 오늘도 뽑지 못한 문장들이 많고
우리는 여전히 무서워서 껴안다가 하나로 뭉쳐지고 있어요
양손에는 부은 잇몸만을 가득 쥔 채로

시네마

스크린 속 영화에서는 아직도 눈이 내린다
오래된 일본 영화처럼 우리는 너무 다정해
같이 눈을 맞을 때면 스크린에서도 하얀 세상이 되고는 했지

그건 아마 환상이 아닐 거야
손을 꼭 붙잡고 말했을 만큼
우리는 영화 속 한 장면과 다를 게 없었는데

우리의 대화는 그저 대사로 남겨지고
언제쯤 자막 없이 읽을 수 있을까

지금은 여름인데 영화에서의 우리는 겨울을 살아
다정한 단어들이 띄어쓰기를 이룰 때면
그제서야 붙잡던 손은 흐트러지고 다시 눈을 맞고 있겠지

우리에게는 낭만적인 문장이 필요해

서툰 번역이 우리를 감싼다
영화에서 내리는 눈은 스노우 볼처럼 극장을 감싸고
자막이 짓누른 우리의 목소리가 울려 퍼지고 있어

우리에게 남은 서사라고는 눈 시간의 순간과

조금은 어색한 문장들
그러나 다정한 목소리는 변하지 않고

오래된 영화 속에서
변하지 않은 서로만을 바라보면서
여름으로부터 겨울을 기다렸어

네 잎 클로버

너를 찾는 일은 너무 어려웠어 조용한 들판에서 여름이 내려앉던 오후에서도 찾을 수 없었지 내가 너를 전혀 모르는 모습으로 살아갈 동안 너는 무얼 하고 있었는지 물어도 괜찮을까

나는 행운을 돈 주고 살 때가 있어
예쁘게 코팅된 네 잎 클로버를 쥘 때면 가끔 자책하고는 해
갈색빛으로 말라 버릴 네 모습을 직접 봐야 할 것만 같아서

천 원짜리 행복 속에는 언제나 우리가 있고
나는 너를 여전히 들고 다니면서
행운을 외우는 중이야

클로버
클로버
행운을 가져다 주세요

주문을 외울 때면 가끔 네가 그림자처럼 나타나
여름이 사라지고 어두운 겨울이 시작되기 전에
너를 찾아야만 해

이 정원에는 네가 자라는 중이지만
나는 잡초 속에 숨은 너를 찾지 못하고

또 사는 일을 반복하고 있어

행운을 가져다 주는 네 잎 클로버 하나
너는 사랑스럽지만 하나로는 부족해
너의 얼굴을 가져간 클로버들이 하나둘 고개를 내민다

행운은 언제나 가까이 있는데
멀리 있기도 해

나는 너를 찾을 수 없지만 살 수 있는 것처럼
너는 나를 찾을 수 있지만 오지 못하는 것처럼

우리는 언제나 우리를 찾을 수 없어
둘로 분리된 서로를 바라보다가
행운을 외우고는 하지

우리를 가져다 주세요

그렇게 어디에나 흔하게 있지만
그러나 어디에도 없는 것 같은 네 모습

나로 가득한 이 잡초 속에서
나는 아직 클로버를 찾고 있어

3부

가끔 열병 속에서 유영하기도 했다

이 름

언니의 이름을 입에서 여러 번 굴렸다
아직 곱씹지 못한 단어가 많은데
목은 자꾸 타들어가는 거 있지
그렇게 목구멍에만 걸쳐 있는 우리의 문장이 있었고

가끔 이름을 지혈하는 날에도 여전히 언니는
나를 발음하지 못했다

우리 사이에 매달린 이름이 너무 많아
세 글자도 한 번에 부르지 못한 날이 수두룩해

입에서는 쓴맛만이 맴돈다
가끔은 가벼웠어도 좋았을 텐데
그냥 아쉬워서 하는 말이야

언니는 미끄러운 목구멍을 따라 단어를 삼켜낸다
따가운 것도 모르고
그저 벗어나기 위해서였을지도 모르는데

나의 이름이 언니의 목을 따라 내려갈 때
가벼워지는 건 이름이 아니라
우리라는 걸 알 수 있었고

나는 알면서도 언니의 이름을 혀로 굴렸다

문장 사이에 존재하는 띄어쓰기를
우리의 이름에 집어넣으려 해

유영하는 망상

고래의 호흡을 따라가는 일
나는 그럴 때마다 목 끝까지 차오르는 숨이 버거웠는데

심해에서도 느리게 유영하는 우리가 되고 싶어
어린 고래의 등 위에 올라타고는
파란 숨을 내쉬는 날이 있었다

너를 탈 때면 어디로든 갈 수 있을 것 같아
파도가 머리를 감싸도 너를 껴안을 수만 있다면
상어의 꼬리가 어깨를 밀어내도 같은 바다를 마실 수만 있다면

그렇지만
꿈을 유영하기에는 너무 벅찬 일인 거야

고래를 껴안는 힘이 약해지는 새벽
두꺼운 꼬리만이 내 이마를 쓰다듬었고

윤슬이 우리에게로 쏟아지기 직전
별똥별 같다며 다시 들이켰지
이건 아마도 내 꿈일지도 모르겠지만

고래의 등에서 새벽을 유영한다
헐어 버린 등이 나를 마주한 어느 꿈

나의 어제를 가져가 주면 안 될까
숨이 차오르는 사람들 사이로
파랗게 숨 쉬는 우리가 있어

일기

나는 일기장 사이에 나를 묻어 두었다
파도처럼 일렁이던 글씨를 볼 때마다 멀미했고
가라앉기 직전의 모습을 해 버렸을 때,
일기장에서 나올 수 있었다

파도 위에서 떠오르기 시작한 거짓말과
일주일 째 밀려 있는 날씨
우리의 제목은 펜 자국 하나 남지 않았고

일기장 앞에서도 사람들은 다정했다
꾸며내다 못해 뚫릴 것 같은 문장으로
어제를 겨우 마주했다지만
나의 일기장에는 나만이 떠돌고 있었다

한 장밖에 남지 않은 일기장과
다정한 어제를 갖고 있는 사람들
여전히 울렁거리는 속으로부터

노트 속 쌓아 두었던 어제가 가득하다
일기에 잠긴 글자들을 나열하면,
그저 낙서한 종이가 돼 버린 일기장

번지기 시작한 어느 날이 생길 때에도
문장을 지운 자국은 언제나 시끄럽고
구겨진 글씨들은 바다 깊숙힌 곳에서 뒹굴기 시작한다

곰팡이

한여름, 우리가 곰팡이처럼 오래 버틴 적이 있었지
서로에게 스며들 때마다 허옇게 변질되는 것들
우리는 언제나 불완전하지만
누구보다 완전한 얼굴로 살았고

우리의 여름은 불완전한 세계로부터
가끔은 씁쓸한 햇빛이 혀에 스치고 있었다

그렇지만 나는 완전한 세상에서 잠을 자고 있어
이마가 따뜻해질 때마다
열을 앓는다는 생각은 해 본 적이 없었고

그냥 여름을 껴안을 수 있는
매미의 자장가가 들리는
그런 새벽을 사랑했기 때문이라고 할까

그러나 여름은 다시 돌아오지 않을 거라는 상상을 해
영원보다 영원하지 않는 건 없지
여름도 언젠가는 여름이 아니게 될 거야

우리가 가진 습한 이곳은
유일하게 하나가 될 수 있는 세상

젊은 이들은 곰팡이가 된 모습으로
여름을 가득 껴안고 있었어

세상이 우리를 잡아먹는다 해도
쓸쓸한 햇빛이 혀를 마구잡이로 괴롭힐 테니까

이 습한 옥탑방은 우리가 사랑한 세상이야
좁고 어둡지만 영원일 것 같다는 핑계를 지을 수 있고

언제나, 그러니까 불완전한 바깥으로부터 여전히 버틸 수 있는

야간 비행

나는 어두울 때마다 트래픽 패턴 도는 연습을 했고
창문에 비치는 건 수많은 눈동자의 불빛이 있었다
그건 아마도 눈이 어두운 나의 착각이었겠지만

언제쯤 어른이 되고 싶은지 물었다
야간 비행을 할 때마다
저 눈동자들은 언제나 나를 비추고 있는데

그게 무섭지 않을 때가 오면
그거는 우리가 눈이 멀었다거나
혹은 어른이 되었다거나

그렇지도 않다면 무딘 소년이 돼 있다는 증거겠지
연습을 해도 나아지지 않는 야간 비행은
날이 지나도 여전히 키는 그대로인 우리 같아서

어두운 하늘은 엔진 소리로부터 덮여진다
가끔 나를 저렇게 감싸는 목소리가
어깨를 짓누르고 있었고

어설픈 비행은 아직 멈출 줄을 모른
어른들의 눈동자는 어쩔 수 없는 거야

빛처럼 화사하다가도
결국에는 눈을 아프게 만드는

그렇게 다시 눈을 감으면
잔상으로 남아 버리는 것들

나는 잔상이라는 말을 좋아하지 않는다
비행에 방해가 될 것만 같아서
어두울 때마다 이 패턴들은 모두 나를 감싸기 시작하니까

언제쯤 어른이 될 수 있을 거라고 생각하냐는 물음에
아직 착륙하는 법을 모른다는 답을 하고는
다시 오른쪽으로 꺾었다

푸른 열병을 앓던 수많은 꿈에 대해

우리의 파랑은 열병을 앓는 중이었어 푸른 꿈이 화사하게 변하기 전까지는 껴안는 법을 모른댔지 한여름 밤의 꿈처럼 떠오른 망상은 언제나 다정했고 언제나 영원할 수 없었다

칠월의 열병으로 말미암아 우리의 청춘은 지속되고 있었고

라일락 꽃에서는 네 향기가 나
어쩌면 이것도 열병에 의한 착각일지도 모르겠지만

너는 우리가 앓고 있는 꿈과 푸른 것들에 대해서 물어본 적이 있다 시원한 여름은 모순이야 그렇다면 우리도 모순적인 세상을 살아가고 있는 거겠지

영원하지 않는 꿈은 없다 그러나 꿈은 언제든지 꿀 수 있어 그게 푸른색이 아니더라도

언제나 지속되는 꿈일 거야

열병을 영원히 앓지 않는 날도 없다 언제나 푸른 마음을 가지고 살 수만 있다면 좋을 것만 같아 너는 이마를 쓰다듬으며 이 몽상에서 빠져나올 생각을 여전히 하지 않는다

영원히 여전히
그러나 영영 돌아오지 않을 어제의 꿈에게
기억에서 열병을 앓는 어제가 몸속으로 스며들고 있었다

1999년 8월 21일

카세트테이프가 느리게 달리는 동안
우리는 같은 노래를 반복해서 들었지
창밖에는 매미의 소리가 화음을 맞추고 있었고

늦여름 밤, 우리가 할 수 있었던 건
여름이 흘러나오는 오래된 카세트테이프의
뒤척임을 바라보는 것밖에 없었다

세상은 누구보다 종말을 원하고 있어
어린 매미의 목소리도 이 여름이 지나면 잃고 말겠지만

나의 반바지의 밑단이 말려 들어가는 모습을 보다가 웃어 보는 일
마룻바닥에 쌓인 먼지 위에 포근히 밟힌 어느 길고양이의 발자국
너는 땀이 나던 이마를 따뜻한 손등으로 닦고 있었고

멈춰 있었던 카세트테이프는
어느 순간의 멸종을 위해 한 음절씩 내딛는 중이었다

오래된 음악처럼 이 세상을 사랑해
그렇게 영원이 누구보다 영원하기를 염원하던 날
같은 노래를 흥얼거리다가
흐름에 따라 떨어지는 별똥별들에 대해

어깨를 머리에 기대며 손을 예쁘게 모았다
우리의 세상은 여전히 달렸으면 좋겠어
그리고 영원히

사랑 애

풋사랑의 내음이 깊어지는 날,
우리는 이 버스 안에서
서로의 어깨를 감싸고 있었다

네 손에 들린 시집에는 지문이 겹쳐져 있지
그건 아마도 이 낡은 시집처럼
너를 아낀다는 사랑 시의 한 구절일 뿐이고

손을 잡을 때면 맞닿던 우리의 손금과
천천히 부딪히는 손톱이 있어
그것도 모두 흔적처럼 남겠지만

빈아, 이건 사랑 '애'야
손가락이 글씨를 새길수록 허연 창문에는
선명하게 번지던 네가 있었고

그래서 그런지 그때 겨울은
입김으로 가득한 사람들과
노선도를 달달 외우던 우리가 있다

빈과 내가 나란히 앉는다
텅 빈 자리에 앉으면 포근하게 생기는 성에

차가운 창문에 愛를 새기는 일
네가 알려 준 글자는 여전히 쓰기 어려워
그런 핑계로 매일 같이 버스 정류장을 향할 수만 있다면

다정한 추신

 언니, 우리는 더 이상 망가지지 않기로 하자 벚꽃잎이 여기저기 쏟아지는 봄을 아낀다거나 부푸는 파도의 품을 껴안는 상상을 하는 건 어떨까 나는 가끔 언니가 살아있으면 하는 망상을 해 보고 싶다는 말은 결국 나의 꿈으로 뒤덮이고 말 거야 언니는 영영, 영원히, 언제나 보지 못하겠지 망가져 버린 우리의 망상과 우리의 우리를 말이야 그만큼 언니한테 들키고 싶지 않은 바다가 있어

 그러니까 마지막으로 하는 말인데 꿈에서는 울지 않기로 하자 언니의 턱 끝에 매달린 이슬이 이 파도에 떨어질 때마다 윤슬이라고 부르던 날들이 넘쳐서 또 다른 바다를 만들고 있었으니까 언니는 모를 거야 우리에게는 수많은 바다가 뒤따르고 있었다는걸

나비야

삼색 고양이의 발자국이 스티커처럼 골목에 붙어 있다
곳곳에 늘어날수록 꼬리를 움직이던 소리는 점점 커지고 있었고

골목 끝에 자리를 잡은 미용실에서 나오던 손님들
모두 한 마디씩 거두는데

나비야
귀를 움찔거리면서 뒤를 도는 게
조금은 지쳐 보이기도 했다
어쩌면 아주 많이

나비라고 불리는 걸 보면
너도 이름이 없었구나
괜히 머리를 쓰다듬다가 귀를 만지작거린다

나비야, 나는 가끔 그런 상상을 해
너의 발자국이 눈밭에서 보이면
시렵지는 않을까 괜한 걱정을 한다거나
너의 허락 없이 나비라고 부른다는 게
맞는 일인 걸까 걱정을 한다거나

그러나 이름을 대충 지은 사람들을 원망하지 않는 나비
나에게 익숙하게 몸을 맡기는데

나도 나비였던 적이 있었다
이름 없이 떠도는 작은 고양이처럼
혹은 발자국을 알아보는 사람들을 두려워하거나
꼬리를 흔드는 행위조차 무서웠을 때

어딘가 익숙해져 버린 나비들이 나의 품에서 하나씩 빠져 나온다
나는 함부로 이름이 생긴 나비들의 발자국을 보면서
텅 빈 골목 같은 나의 품을 가득 껴안았다

나비야

파란

너와 나의 해파리에게

　파도의 허밍을 들어봤니 파랑의 숨소리가 짙게 이어질 때쯤 우리는 파도 위를 걷는다 발끝이 투명한 어느 작은 해파리가 되어 버린 거겠지 선명하고도 자주 주저앉는 꿈 우리는 해파리가 되기를 바라던 날이 있었다

파랗게 부풀어 오르는 바다의 목구멍과
규칙을 따르지 않던 제멋대로의 파도
서로를 껴안는 버릇을 들이기 시작한 우리가 있었고

　심해로 주저앉을수록 숨소리는 우리의 귀에 와 닿았다 파랑은 언제나 푸르게 살아있어 블랙홀처럼 빨려들 것 같지만 그런 꿈에서 헤엄치기로 해 파랑에 익사하면 모두 몽롱해지는 오늘을 갖게 되는 거야 그게 설령 꿈과 꿈일 뿐이라고 해도

너는 파도의 허밍을 외운다
둥둥 떠오른 해파리들을 봐
바다가 자기들의 세상인 것처럼 살고 있는데

　느린 유영은 언제나 우리를 망상에 빠져들게 하지 사실 이 말도 꿈속이라 할 수 있는 말인 거야 허밍의 진동이 깊어져 우리를 감쌀 때도 해파리들은 우리 곁을 맴돌고 있어 세상처럼 넓은 고래의 등을 타고 어쩌면 그건 마지막 헤엄침일지도 모르겠지만

해파리들은 저마다의 심해에서 영원을 외우고 있다
짙어진 소원이 수면 위로 고개를 내밀 때면
허밍으로부터 영원히 헤엄칠 수 있는 촉수가 하나둘씩 자라고 있었고

우리는 투명한 몸으로 선명해지지 않는 꿈을 가진 채 해파리처럼 유영한다
부드럽게 유영하는 꿈
저릿한 헤엄이 파랑의 숨소리로 울려 퍼진다

★⁺₊★ ☾ ★⁺₊★ ༄

어느 천사는 우리의 이마를 지켜주고 있었지
야광 스티커가 밝아질수록 창문에 비춰진 풍경은
마치 행성 같기도 했는데

같이 있지만 여전히 혼자인 것만 같은 모습으로
그러나 손을 붙잡던 건 어린 시절의 우리

그렇게 서로의 천사가 되어 가는 중이었고

식은땀을 흘려 축축해진 베개에는
네 목소리가 흐르고 있어
천장에 야광 스티커를 붙여 주지 않았더라면
너는 유령의 몸으로 뒤덮인 꿈을 꾸고 있었으려나
나는 가끔 그런 상상을 해

네 머리맡에 놓인 천사들을 하나씩 천장에 붙여 두는 일
혹은 무서워하는 얼굴로 나를 찾아온다거나
야광으로 빛나는 하늘이 하나의 초점으로부터 멀어지고 있었고
어린 유령들은 우리가 아닌
너와 나로서 잠을 청하던 그때의 모습을 하고 있었어

마침내 멸망하는 여름

사라지는 것들에 대해 이야기한 적이 있었지
이 여름이 영원하지 않다거나
혹은 종말론이 늘어나는 정체불명의 글자

이곳에서는 여름을 여는 게 쉽지 않아
말라가는 것들을 사랑하는 일은
천 번의 실수를 거듭한 어느 과학자만이 할 수 있고
우리는 그저 여름을 기다리는 중이었으므로

여름의 종착지는 영원
사랑스러운 여름의 향기가 지나기 전까지
빛처럼 몸에서부터 통과되는 우리가 있고

그 속에서 눈을 감기 직전의 모습을 하는 과학자와
영원을 찾기 위해 헤엄치는 것들의 소리가 들려

멸망은 누구보다 쉬워
눈을 감으면 멸망에 더 앞서는 행위일 뿐이고
우리는 수많은 눈을 감고 뜨는 일을 했으니

여름도 마찬가지인 거야
열 때면 다정해지지만 멸망에 가까워지는 우리와
마침내 열매가 지는 어느 여름의 소음이 있지

4부

여름의 소음을 머금은 채로

물큰한 법칙

너는 무릎에 돋아난 안부를 쓰다듬던 사람
분홍이 머물기도 전에 자라온 여름을
손에 쥘 틈도 없이 놓쳐 버렸지

손톱 자국이 그대로 남던
복숭아의 피부를 깨물어 보듯이

너는

자주 물러 있었다
머물러 있는 법을 모르던 우리가
유일하게 사라질 수 없는

늦은 안부를 적어낼 때면
휘청거리던 여름을 기억한다
이게 우리의 법칙이라면

자주 물렁해져도 좋다고 말하는
멍이 들어 즙이 흘러내리던

복숭아의 부드러움에 대해
손톱 사이로 푹 들어간 속살이

뭉개지는 일을 반복한다

울음이 머무르던 무릎
끓는 얼굴이 그곳에 있었다

썸머 노이즈

 우리는 서로의 귓속에서 살았다 손가락 사이에 스며드는 소음들, 몸을 웅크리던 초여름 어깨에 매달린 목소리를 담아 주느라 지나 버린 수많은 열대야에 대해

 눈을 깜빡일 때마다 허물을 벗던 여름 매미의 이름을 가진 계절들이 숨을 고르던 시간 손등에 피어오르는 노이즈캔슬링 귀를 닫아 버린 세상에서 우리는 영영 우리밖에 알아볼 수 없을 거야

 숨이 고르지 않은 오후 세 시 일그러지는 미간 사이에 누워 잠을 자는 사람 눈을 마주칠 때마다 목소리가 반사되는 꿈을 꾸듯이 열대야에서 헤엄치는 열대어를 기억하니 인사를 전하다 절뚝거리는 얼굴이 여기 있다 우리는 손을 잡는 것보다 소음을 쥐는 일이 더 급했던 거였지

 메아리처럼 울리는 소리 햇빛에 알맞게 구워진 허물을 썼어 운석이 떨어지는 것을 보았니 선명할수록 점점 흐려지는 서로를 생각했다 손금에 스미는 땀방울에 자주 울었구나 어디에선가 흐릿하게 흘러들어온 낯익은 선율들

 우리에게는 떨어진 피크가 어울린다 귓속에서 떠나지 않은 것들이 있다면
그건 아마 네가 남겨 두었을 숨소리라 생각하면서

세상을 재우던 노이즈캔슬링, 숨이 막히던 한여름을 마주하던 나에게는 여러 개의 귀가 있지 고막이 온전하지 않은 귀, 너무 여려 말랑해진 귀, 허물 벗은 소리를 품던 귓속

조금은 이른 숨소리가 귀를 간지럽힌다 썸머 노이즈, 하면 여름을 잠재울 수도 있는 우리가 여기 서 있어 그제야 맞물리는 손을 붙잡고

믿는 일

네 믿음에는 무늬가 없다
자주 흘러내리던 것 같은

어제에게 안부를 묻다가
손금으로 스며들어버린 울음에 대해서
우리는 묻지 않기로 했지

그것이 우리의 믿음이라고
어쩌면 햇볕에 녹아내린 초상이라
믿었을 때

믿고 나서 믿을 수 있는 것들
답지에 밀려 쓴 한여름처럼

우리의 울음이 미지근하다
우릴 수 없는 우리가
축축한 홍차 티백처럼 처져 있고

얼룩 없는 슬픔을 떨구어내고 있었다
네가 믿는 신의 얼굴은 단순했다

거짓이 없거나

아니면
밀어낸 울음 한 조각을 쥐고 있거나

더 이상 울지 않겠다는 다짐이
여름의 부재로 떠오른다
좁혀지지 않는 무늬가 어지럽히고

너는 여전히 턱 끝에 매달린 눈물을
떨어뜨리는 법을 모른 채 넘어지기를 반복했다
믿다가도 얼룩진 얼굴로

윈터 밴드 클럽

너는 부러진 기타를 주워 온 사람

이른 아침부터 음계를 조급하게 채우고
이따금 눈송이로 피크를 만들었다

음표가 된 물음을 나란히 세워 두며
흩어진 목소리를 줍고

추위를 앓는다
얼어 있는 손 끝에 내려앉은 굳은 살과
조용하다 터져 버린 기타 줄처럼
팅겨 나간 음계가 곧바로 쏟아지던 작업실

합주는 언제나 텅 빈 것들로부터 시작한다 이곳에는 우리의 마음이 있어 기타가 부러지는 소음이 참 좋은 것 같지 밴드부에서 손이 다친 아이에게 밴드라는 이름을 부르며 반창고를 쥐여 주던 지난 겨울

그리고 손금 사이로 스며드는 선율이 있지

너의 코끝은 분홍을 쥐고 있구나
겨울이라서 그래?

너는 주워 온 것들에 대해 책임을 묻지 않는 사람
말랑한 목소리를 껴안으며 살아가는 한겨울이 있고
잃어버린 붉음에 점을 찍어 낸다
너덜거리는 반창고를 뜯던 얼굴

눈송이가 녹지 않는 마음을 가질 때까지

흐트러지는 기타 사이로
우리는 자주 어지러운 흉터를 가지지

갈라지는 스피커에 우리가 여전히 스며들어 있다
연습실에는 우리만이 울려
눈송이에 손이 베인 모습으로

한낮의 커스터드

　나의 마음은 언제나 커스터드였지 부드러워서 속은 단단했고 자주 뭉개지던 얼굴들 크림이 목까지 차오를 때면 가빠져 오던 숨 이것도 세상에게는 비밀이야 처음으로 완성된 커스터드가 점점 기울 듯이 우리의 마음도 어깨가 한쪽이 주저앉았지 빌려오다가 헤지는 마음들 우리는 달콤한 커스터드처럼 비밀은 그렇게 달고 숨이 가쁜 모습 우리만 만들 수 있었는데

　불안을 한 입 떠먹을 때면 입안에 머금는 모든 크림들
　자주 가빠져 오던 목소리와 작은 음계처럼

　음악실에 남은 것들을 기억하니

　너는 누군가가 정해 놓은 코드를 따라 연주한다 마음은 가장 옅은 선율로 뻗어 나가는 것 네가 악보를 베꼈다는 일은 마음속에 숨겨 놓을게 손가락으로부터 튕겨 나가는 목소리가 여름을 대변한다 부드러운 거짓말, 땀이 찬 지문 사이에는 음계들이 머물렀다 누군가가 정해 놓은 모습으로

　우리의 거짓말은 음계처럼 어긋나고 커스터드처럼 부드러웠지 크림을 머금을 때마다 뭉개지던 모습 멍이 든 손가락을 바라보던 얼굴들 이처럼 비밀에는 작고 단내만이 울리고 있었다 가득 차오르는 거짓말처럼 굳은살이 말랑해지는 연주처럼

이건 너에게 하는 최초의 고백이야
돌려주었던 비밀이 음계 사이로 흩어진다
오래된 커스터드처럼 주저앉던 어깨

우리는 더 이상 무릎이 없다
숨겨 둘 마음이 하나 더 생겨 버렸고

기타를 다시 들었다
연주하는 법을 자주 잊어 버렸다

나의 마음은 언제나 커스터드, 부드럽게 연주되고 있었다

머무르기

　우리는 서툰 음계에서 태어났지 나에게는 박자 밀린 노래가 있었다 그건 세상에서 가장 다정한 이름일 거야 입을 열지 않고 목소리를 잃어버려도 서로를 부를 수 있지 혼자 어긋난 노래만이 우리에게 머무를 때가 있었는데

　머무르는 것들은 전부 부서지기 쉽다고 하지 기도에서 몸을 웅크리던 목소리, 안으로 말아버릴수록 나는 나의 이름을 잊기도 한다 거울을 두드릴 때마다 멍 없는 멍이 생기던 것처럼

　오선지 위에서 간신히 매달린 얼굴이 있어 너는 흔들리는 목소리를 가지고 노래를 부른다 어떤 마음은 허물처럼 그대로 벗겨지기도 한다는데 우리는 이곳에 매달려 있다 흘리는 땀을 음표라 부르기로 하면서

　완성되지 않은 노래를 부르다가 끊길 때
　입술 사이에 남아 있던 것은
　서로의 이름이 아닐까 생각하던 밤이 있다

　오르락내리락하는 어느 박자처럼
　땀인지 울음인지 모른 채 닮아냈던 음계처럼
　너는 서투른 발음으로 새어나가는 것들을 입안에 가두었고

우리는 오선지 같은 세상에서 잠시 늘어져 있어도 좋아 한 박자씩 밀리는 걸음으로 나아가던 목소리, 나는 자주 무르기도 해서 머무를 수 있지 이름은 어전히 녹음된 세상을 듣고 부서지지 않는 다짐으로 노래를 부른다 맞잡은 손보다 흘러나오는 선율이 따뜻했다

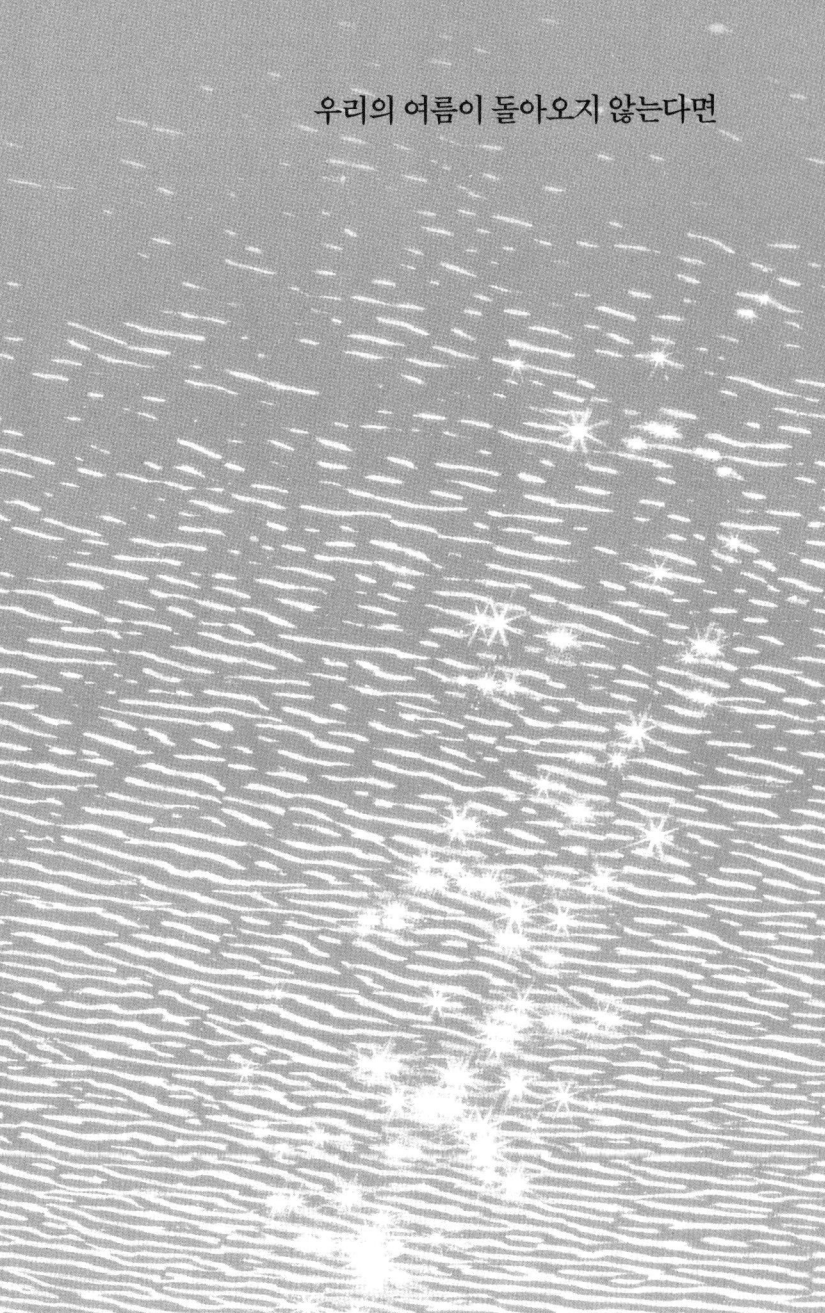

우리의 여름이 돌아오지 않는다면

이 시는 재작년 처음 제대로 쓰기 시작한 시부터 바로 최근의 시까지 뒤죽박죽 섞여 있어요.

그렇기에 저의 시는 누구보다 서툴고, 단정하지 못합니다. 그렇지만 엮고 싶었던 이유는 작년 겨울, 가장 힘들었을 때 쓰고 있었던 시가 여러모로 마음에 도움이 많이 되었는데요. 가장 행복했을 때 쓰는 것보다 가장 힘들었을 때 창작해내는 무언가가 애틋하다고 느껴졌기 때문이에요.

어떻게 보면 저의 시에는 여름, 언제나, 영원, 껴안는다, 세상 등 추상적이고 커다란 의미의 단어가 가장 많이 쓰였다는 걸 스스로 알고 있어요. 저는 어쩌면 그렇게 추상적인 무언가에 의지해 글을 써 왔던 것일지도 모르겠습니다.

시라는 것과 글이라는 것은 어떻게 보면 환상적이기도 하지만, 비현실적이라는 말과 다를 바 없습니다. 그런 점에서 보아, 저는 이렇게 현실이 없는 시로 제가 원하는 세상을 표현하고 싶었던 것 같습니다. 따라서 자주 등장하는 여름과 영원한 것들, 그 이상의 우리가 다정히 나타난다는 것을요. 여러분들께서 읽으시면서 느끼셨다면 그거로 다행이라는 기분이 들게 됩니다.

한 플랫폼에 올려 두었던 약 서른 편의 시와 더불어 시집의 제목인 '마침내 멸망하는 여름'이라는 미공개된 시가 들어갔습니다. 그리고 그 외 새롭게 들어갈 시들을 엮어 하나의 시집으로 만들어 두었습니다.

어떻게 보면 약 이 년 전부터 시작된 시집이라는 거라고도 볼 수 있을 겁니다. 그렇게 글쓰기는 쉽게 다가갈 수 있지만, 쉽게 끝낼 수 없다는 생각이 종종 들었고요.

 누군가에게는 초라하고 누구보다 서툰 실력이 맞으나, 저에게 있어서 가장 애틋해지는 선물을 드리고 싶었어요. 스스로에게 주든, 남에게 주든 저의 애틋함을 직접 볼 수만 있다면 얼마나 좋을까요? 저는 이 기회를 꼭 실현하고 싶었고, 일단 어떤 형태로든 만들어냈으니, 여러분들도 도전하고 싶은 것에는 꼭 하셨으면 좋겠어요. 혹은 그게 훗날 나를 부끄럽게 한다고 해도요. 지금 당장 후회하지만 않으면 그거로 된다 생각하기 때문이랄까요.

 서론이 너무 길었지만 결국 제가 하고 싶은 말은 어떻게든 계획을 이루어서 행복과 뿌듯함을 느꼈으면 한다는 이야기예요. 꼭 이 마음이 닿기를 바라면서, 평안한 겨울 되세요. 감사합니다, 이 겨울에도 애틋한 영원으로 여름처럼 따뜻한 꿈을 꾸시기를 바라요.